Georg Bauer

Herz & Glaube

Georg Bauer

HERZ & GLAUBE

Mein spiritueller Weg zu Gott

Herz & Glaube
Mein spiritueller Weg zu Gott
2023 © Georg Bauer
Umschlagbild © Georg Bauer
Alle Rechte vorbehalten
www.georgbauer.info
contact@georgbauer.info

ISBN 978-3-347-48311-8

Druck, Vertrieb & Impressumsservice
im Auftrag des Autors:
tredition GmbH
Heinz-Beusen-Stieg 5
22926 Ahrensburg

INHALT

Für Herbert,
der mich gelehrt hat,
auf meinen Atem
zu achten.

EINLEITUNG

Im Leben gibt es richtige, sprich heilsame Wege. Ebenso gibt es falsche, weil unheilvolle Pfade. Und immer kommt es dabei auf die Unterscheidung der Geister an. Obwohl beide Begriffe eng miteinander zusammenhängen, trenne ich persönlich sehr genau zwischen Spiritualität und Religiosität. Außerdem unterscheide ich zwischen wahrhaftiger und aufgesetzter Spiritualität, ebenso wie zwischen aufrichtiger und scheinheiliger Religiosität. Nur die richtige spirituelle und religiöse Praxis macht meinen Geist frei und führt mich zu Gott.

Um Gott zu finden, muss ich also das Wahre vom Falschen abgrenzen können. Dazu genügt mein Verstand allein nicht. Vielmehr brauche ich hierfür vor allem mein Herz. Mein Geist muss in harmonischer Weise mit meiner Gefühlswelt verbunden sein. Ohne eine heile Verbindung zu meinem Herzen kann ich die Geister nämlich nicht in rechter Weise unterscheiden. Genauer gesagt, ich muss auf alle meine Gefühle achten und ihnen trauen, damit ich das Gute und Heilsame erkenne.

Wahrhaftige Spiritualität und aufrichtige Religiosität erweisen sich dabei zuallererst in der Praxis. Meiner Erfahrung nach kann ich nicht spirituell und religiös sein, ohne meine Spiritualität und Religiosität im Alltag praktisch zu leben. Theoretisches Wissen gehört auch dazu. Aber ohne praktische Übungen bleiben meine Spiritualität und erst recht meine Religiosität tote Kopfgeburten ohne jeglichen Wert.

Außerdem muss mein religiöses Denken in gelebter Spiritualität verwurzelt sein. Ansonsten laufe ich Gefahr, mich in verqueren Glaubenstheorien zu verirren. Aufrichtiger Glaube setzt deshalb eine lebendige spirituelle Praxis voraus. All mein spirituelles und religiöses Leben aber gründet darauf, dass ich auf mein Herz höre. Weil Gott sich dem Verstand entzieht, führt der Weg zu ihm allein über das Herz.

Erster Abschnitt

SPIRITUALITÄT & RELIGIOSITÄT

1. Spiritualität

Vom Wesen der Spiritualität

Jeder Mensch hat einen Körper und einen Geist. Und genauso wie der Körper, so hat auch der Geist Bedürfnisse. Diese geistigen, sprich spirituellen Sehnsüchte sind ihrem Wesen nach nicht unbedingt sofort religiöser Natur. Auch wenn ich vielleicht nicht an Gott glaube, kann ich dennoch nicht leugnen, einen Geist zu besitzen. Wenn ich aber einen Geist besitze, dann habe ich zwangsläufig spirituelle Bedürfnisse.

Es spielt dabei keine Rolle, ob ich mir meiner geistigen Sehnsüchte bewusst bin oder nicht. Ja, unter Umständen gehöre ich zu jenen Menschen, die sich ihrer wahren Bedürfnisse ohnehin wenig gewahr sind. Viele Menschen achten schon nicht in rechter Weise auf ihren Körper. Noch weniger Menschen achten auf ihren Geist. Der Grund dafür liegt auf der Hand, ist der Geist doch im Gegensatz zum Körper nicht sichtbar. Und so könnte ich leicht glauben, ich hätte gar keine spirituellen Wünsche.

Tatsächlich hat aber jeder Mensch geistige Bedürfnisse. Und diese sind für mein Menschsein wesentlicher als meine körperlichen, denn der Geist und nicht der Körper bestimmt das Wesen des Menschen. Umso schlimmer ist es, wenn ich zu den vielen Menschen gehöre, die sich nur um ihren Körper und um oberflächliche Äußerlichkeiten wie ihren materiellen Besitz sorgen, die Sehnsüchte des Geistes aber verkümmern lassen.

Meine spirituellen Bedürfnisse bestehen vor allem darin, dass sich mein Geist nach heilen Beziehungen sehnt. Der Wunsch nach Gemeinschaft ist die wichtigste Sehnsucht jedes Menschen, in der alle Spiritualität wurzelt. Ohne die Gefühle von Nähe und Verbundenheit mit anderen Menschen könnte ich überhaupt nicht leben. Um mich glücklich fühlen zu können, brauche ich Freundschaft und Liebe.

Ich bin jedoch nur dann fähig, auf heilsame Weise in Beziehung zu anderen Menschen zu treten, wenn ich mit mir selbst im Reinen bin. Dazu aber brauche ich mein Herz. Nur wenn mein Geist mit meinem Herzen verbunden ist, entdecke ich jenseits meiner Ichsucht mein liebenswertes wahres Selbst. Oder, um es noch deutlicher zu sagen: Ich kann nur dann andere Menschen aufrichtig lieben, wenn ich lerne, mich selbst wahrhaftig zu lieben.

Die wahre Selbstliebe ist jedoch alles andere als selbstverständlich. Fast immer wird die Selbstliebe bei jedem Menschen als gegeben vorausgesetzt, obwohl sie das gerade eben nicht ist. Der Begriff der Selbstliebe darf nämlich ausdrücklich nicht mit der Ichsucht verwechselt werden. Die krankhafte Selbstverliebtheit ist ganz den materiellen, den weltlichen Genüssen zugetan. Und diese Ichbezogenheit ist in der Tat weitverbreitet. Im Gegensatz dazu ist die echte Selbstliebe des achtsamen Menschen ein kostbares, weil seltenes Gut.

Während mich die ichbezogene Selbstverliebtheit beziehungsunfähig macht, öffnet die wahre Selbstliebe mein Herz. Das darf ich nicht nur theoretisch als abstraktes Gedankenspiel verstehen. Vielmehr kann ich mein Herz wahrhaftig öffnen, indem ich eine gesunde Beziehung zu meiner Gefühlswelt pflege. Genauer gesagt, ich muss den spirituellen Weg der Achtsamkeit gehen, damit sich mein Geist mit meinem Herzen verbindet.

Die Praxis der Achtsamkeit lehrt mich, auf alle meine Gefühle zu achten. Ich darf unangenehme Empfindungen nicht verdrängen. Gleichzeitig soll ich nicht der Gier nach angenehmen Gefühlen verfallen. Stattdessen ist es nötig, all meinen inneren Regungen stets meine bewusste Aufmerksamkeit zu schenken. Diese wollen schließlich nichts anderes, als von mir beachtet zu werden. Nur wenn ich all meine Empfindungen anerkenne, die unangenehmen nicht weniger als die angenehmen, fühle ich mich innerlich zufrieden. Die innere Zufriedenheit aber befreit meinen Geist anschließend ganz von selbst von allen ichbehafteten Gedanken.

Sobald mein Geist frei wird, überwinde ich mein ichbezogenes, geschöntes Selbstbild und finde mein wahres Selbst, welches mir bisher verborgen war. Während ich jedoch für mein

16

geschöntes Selbstbild nur ein selbstverliebtes Suchtgefühl empfinde, kann ich mein wahres Selbst von ganzem Herzen lieben. Weil ich mich aber selbst wahrhaftig lieben lerne, bin ich nun fähig, heilsame Beziehungen zu meinen Mitmenschen einzugehen. Denn nur wenn ich auf meine eigenen Gefühle Rücksicht nehme, werde ich auch rücksichtsvoll mit anderen Menschen sein. Aus diesem Grund muss es stets das oberste Ziel aller Spiritualität sein, meine unheilvolle Selbstsucht zu überwinden, indem ich anfange, auf mein Herz zu hören.

Aufgesetzte Spiritualität

Immer mal wieder begegne ich Menschen, die ganz begeistert von ihrer Spiritualität schwärmen. Ich würde mich auch gerne mit diesen Menschen über ihre spirituellen Erfahrungen austauschen. Aber oft erweisen sich viele dieser Menschen als unnahbar. Sie fühlen sich als etwas Besonderes. Ihr Denken ist abgehoben. Ihre Spiritualität ist nicht geerdet. Tatsächlich sind gerade Menschen, die sich selbst für sehr spirituell halten, oft eher voreingenommen, ja regelrecht überheblich.

Wenn ich davon erzählen will, wie ich meine Spiritualität im Alltag lebe, dann stoße ich bei solchen Menschen meist auf wenig Neugier. Mit meiner gelebten Alltagsspiritualität können diese Leute gar nichts anfangen. Sie sprechen in hochtrabenden Worten von ihren spirituellen Einsichten, verlieren sich dabei aber nur in leerem Geschwätz. Gleichzeitig sind sie äußerst selbstbezogen. An einem heilsamen Gedankenaustausch haben sie keinerlei Interesse. Nicht selten reagieren diese Menschen in Gesprächen schnell gereizt, verhalten sich abweisend oder werden sogar wütend.

Ich persönlich finde es bedenklich, wenn ich glaube, meine Spiritualität mache mich zu einem besonderen Menschen. Auf diese Weise erhebe ich mich über meine Mitmenschen. In diesem Fall stimmt dann etwas nicht mit meinem Denken. Diese abgehobene Spiritualität entsteht immer dort, wo sie nicht in der Praxis verwurzelt ist. Gefährlich wird es, wenn ich mir meine Weisheiten ausschließlich aus Büchern anlese, dieses Wissen aber nicht in meinem Alltag lebe. Mein spirituelles Denken ist dann verkopft. Letztlich können Bücher nämlich immer nur spirituelle Wege aufzeigen. Mein theoretisches Wissen über diese Wege nutzt mir jedoch nichts, wenn ich es nicht praktisch ausprobiere.

Ebenso wie im normalen Leben, bin ich auf dem spirituellen Weg durch mein ichbezogenes Denken also stets gefährdet, die Bodenhaftung zu verlieren. Auch ich persönlich kenne diese Gefahr bei mir selbst. Um geerdet zu bleiben, brauche ich mein geregeltes Alltagsleben. Indem ich mich tagaus, tagein meinen gewöhnlichen Pflichten in Beruf und Haushalt achtsam widme, bemühe ich mich, meine Ichsucht im Zaum zu halten. So werde ich fähig, meine Spiritualität heilsam zu leben. Nur durch diese Alltagspraxis kann ich mein theoretisches Wissen in spirituelle Erfahrungen verwandeln. Und erst diese praktischen Erfahrungen machen mich zu einem wahrhaft spirituellen Menschen.

Wahrhaftige Spiritualität

Auf dem spirituellen Weg muss ich als erstes meinen Geist vom materiellen Denken befreien und Zufriedenheit finden. Wenn ich mich nur theoretisch mit Spiritualität beschäftige, aber nicht ganz praktisch meine Gier nach weltlichem Besitz und Anerkennung überwinde, dann laufe ich Gefahr, an die Stelle meiner materiellen Wünsche spirituelle Sehnsüchte zu setzen. Und genauso wie mich meine materiellen Begierden beziehungsunfähig machen, so hindert mich auch mein ungezügeltes Verlangen nach Spiritualität daran, wahrhaftige Beziehungen zu meinen Mitmenschen einzugehen.

Um meine Selbstsucht zu überwinden, muss ich lernen, auf meine Gefühle zu achten. Die Gier nach Besitz und Anerkennung hat ihre Wurzeln nämlich in meiner gefühlten Unzufriedenheit. Wenn ich zu wenig auf mein Herz höre, wenn ich insbesondere unangenehme Empfindungen nicht meditativ annehme, sondern diese in mein Unterbewusstsein verdränge, fühle ich mich zwangsläufig unzufrieden.

Die innere Unzufriedenheit wiederum nährt mein materielles Begehren. Besessen von meiner Habsucht erträume ich mir, was ich im Leben alles erreichen oder was ich besitzen müsste, damit ich glücklich sein könnte. Aber diese Träumereien von Erfolg und Reichtum hindern mich letztlich nur daran mein Leben so anzunehmen, wie es eben ist. Auf diese Weise trennt mich meine Gier vom Hier und Jetzt meines Lebens. Gleichzeitig trennt sie mich von meinen Mitmenschen, die ich um ihren Besitz und ihren Erfolg beneide.

Ich kann jedoch meine in den materiellen Besitz verliebte Selbstbezogenheit überwinden. Dazu ist es notwendig, die verschlossene Pforte meines Herzens aufzubrechen. Ganz praktisch muss ich lernen, auf meine Gefühle zu achten, indem ich meditiere und Achtsamkeit praktiziere. Die Grundlage jeglicher Form von Meditation und Achtsamkeit aber ist die Methode des achtsamen Atmens.

Nicht umsonst leitet sich das Wort *Spiritualität* von dem lateinischen Verb *spirare* ab. *Spiro* heißt übersetzt „ich atme". Um Spiritualität praktisch zu leben, muss ich mich in achtsamem Atmen üben. Spirituelles Denken, das sich nicht ganz praktisch auf meditative Atemübungen begründet, ist keine echte Spiritualität und hat auch keinen Wert. Nur die Kraft meines Atems kann mich innerlich verwandeln.

Der Atem verbindet meinen Geist mit meiner Gefühlswelt. Er schafft einen Ausgleich zwischen meinem Kopf und meinem Herzen, zwischen meinem Verstand und meinen Gefühlen. Indem ich auf meinen Atem achte, beruhige ich das Denken meines Geistes. Ich verschaffe mir geistige Ruhe. Diese wiederum schenkt mir innere Zufriedenheit. Ich versöhne mich mit meinem Leben. Ich nehme mein Leben an, so wie es im Hier und Jetzt ist. Ich höre auf, mit meinem Schicksal zu hadern. Ich fühle mich zufrieden, frei und glücklich.

2. Religiosität

Vom Wesen der Religiosität

Meine Spiritualität wird dann zur Religiosität, wenn ich in irgendeiner Form glaube, dass mein Geist göttlichen Ursprungs ist. Letztlich ist dies eine Überzeugung, die man mich nicht einfach lehren kann. Auch wenn ich vielleicht von meinen Eltern im Glauben an Gott erzogen wurde, kann ich mich nur selbst irgendwann freiwillig dafür entscheiden, diesen Glauben innerlich zu bejahen, wodurch ich mich dann als religiöser Mensch begreife.

Wenn ich mich nicht als religiös betrachte, weil ich nicht glaube, dass mein Geist göttlichen Ursprungs ist, dann bin ich eben kein religiöser Mensch. Dennoch kann ich aber ein spiritueller Mensch sein. Ich kann in meinem Leben meditieren und Achtsamkeit praktizieren, wodurch ich dann zum spirituellen Menschen werde. Auf diese Weise stärkt meine praktisch gelebte Spiritualität mich selbst, wie auch das Zusammenleben mit meinen Nächsten.

Als religiöser Mensch sehne ich mich, über die Beziehung zu meinen Mitmenschen hinaus, nach innerer Gemeinschaft mit Gott. Und wie mich meine ichbezogenen Gedanken von den anderen Menschen trennen, so hindern sie mich in gleicher Weise an der inneren Gemeinschaft mit dem Heiligen Geist. Auch als religiöser Mensch muss ich mich daher stets darum bemühen, meine Ichbezogenheit durch praktische Übungen zu überwinden. Ansonsten laufe ich Gefahr, mich in meinem religiösen Denken zu verlieren. Egal wie gut meine Absichten wären, Gott würde ich so niemals finden.

Gelingt es mir aber, meinen Geist aus den Fesseln meiner selbstbezogenen Gedankenwelt zu befreien, dann werde ich Gott in der Ruhekammer meines Herzens begegnen. Ich werde mir seiner Gegenwart spürbar gewahr. Er wird anfangen, durch heilsame Gedanken zu mir zu sprechen. Ich trete in die geistige Gemeinschaft mit ihm ein. Er schließt mich in seine liebevollen Arme und auch ich fange immer mehr an, ihn aus tiefstem Herzen zu lieben.

Scheinheilige Religiosität

Genauso wie ich ein spiritueller Mensch sein kann, ohne mich als religiös zu betrachten, kann ich mich als religiös bezeichnen, ohne im Alltag spirituell zu leben. Allerdings krankt meine Religiosität dann am Mangel an Spiritualität. Wenn ich mich im Alltag nicht praktisch in Meditation und Achtsamkeit übe, kann ich nämlich nicht zur Gemeinschaft mit dem göttlichen Geist gelangen. Deshalb muss aufrichtige Religiosität stets in einer heilsam gelebten Spiritualität verwurzelt sein.

Wenn ich keine spirituellen Übungen praktiziere, ist meine Religiosität nicht geerdet. Statt mit dem Herzen lebe ich meinen Glauben ausschließlich mit dem Kopf, also mit meinem Verstand. So aber hat mein Geist keine innere Verbindung zu Gott. Mein spirituell-religiöses Denken ist zwangsläufig abgehoben, ja unnatürlich gekünstelt. Ich versteige mich in verqueren religiösen Ansichten. Gleichzeitig trägt mich mein Glaube nicht. Er ist schwach wie ein Haus, das auf Sand gebaut ist.

Tatsächlich krankt das religiöse Denken vieler Menschen an ihrem Mangel an Spiritualität. Vor allem leiden diese Menschen an ihrer starken Ichbezogenheit. Als religiöser Mensch muss ich mich daher stets darum bemühen, mein eigensinniges Denken auf heilsame Weise zu überwinden, indem ich mich täglich in Achtsamkeit übe. Nur so kann ich eine aufrichtige Freundschaft mit Gott beginnen.

Ich kann meine Ichsucht nämlich nicht hinwegbeten. Unter Umständen gehöre ich zu jenen Menschen, die meinen, Beten bedeute, mit dem Mund oder in Gedanken Gebetsworte zu sprechen. Und dieses laute oder stille Sprechen von Gebetsworten könne Gott dazu bewegen, mit seinen himmlischen Kräften auf wundersame Weise heilsam in mein Leben einzugreifen, um mich innerlich zu verwandeln und meine Selbstbezogenheit von mir zu nehmen. Weil ich immer brav meine Gebete aufsage und dadurch meine Pflicht erfülle, würde Gott mich am Ende belohnen. Derart kindliche Vorstellungen vom Beten als einer Art Tauschhandel haben mit echtem

Beten gar nichts zu tun. Solche Gebete haben keinerlei Wert, eben weil ich mich dadurch nicht von meiner Ichsucht befreien kann.

Auch kann ich mein ichbezogenes Denken nicht durch einen Akt des Willens überwinden. Es nutzt mir nichts, wenn ich moralisch begreife, dass meine Selbstsucht Sünde ist und dass diese mich von Gott trennt. Das ist zwar vollkommen richtig. Aber diese Erkenntnis ändert dennoch nichts an meinem Eigensinn. Mit dem Verstand kann ich mich von meiner Selbstsucht nicht befreien, eben weil diese ihre Ursache in einer gestörten Beziehung meines Geistes zu meinem Herzen hat.

Von meinem ichbezogenen Denken kann ich mich nur durch einen bodenständigen spirituellen Lebenswandel befreien. Wenn ich mich Gott zuwenden will, muss ich meine Gier nach Erfolg und Reichtum durch meditatives Beten und praktische Achtsamkeitsübungen überwinden. Ich muss lernen, auf mein Herz zu hören. So entwickle ich innere Zufriedenheit, wodurch sich mein eigensinniges Denken, Reden und Tun

grundsätzlich wandeln. Ansonsten laufe ich
Gefahr, an die Stelle meiner materiellen eine
religiöse Gier zu setzen. Diese Form des selbstbezogenen Denkens ist tatsächlich jedoch noch
wesentlich schlimmer als die gewöhnliche Ichbezogenheit.

Nicht wenige Menschen, die sich selbst für
sehr religiös halten, sind aufs Äußerste eigensin-
nig. Sie sind hartherzig gegen sich selbst, ebenso
wie gegen Andere. Sie mauern sich hinter ihrem
erlernten religiösen Wissen ein oder verlieren
sich gar in selbst ausgedachten Glaubenstheorien, die sie in ihrer Verblendung sogar noch als
göttliche Eingebungen betrachten. Von oben
blicken sie mit harten und kalten Augen auf ihre
Nächsten herab. In ihrem Herzen haben sie für
Andersdenkende nur Verachtung übrig. Allzu
gern sprechen sie ihren Mitmenschen deren
Gläubigkeit ab, sobald diese ihre verqueren
Ansichten nicht teilen.

Manche dieser Irregeleiteten versuchen ihre
Verachtung zwar zu verbergen. Ihre Hartherzig-
keit verrät sich aber in ihrer Sprache. Im einen

Augenblick heucheln sie Verständnis, indem sie sich weinerlich um salbungsvolle Worte bemühen. Dann allerdings ist ihre Rede vorwurfsvoll anklagend und selbstgerecht verurteilend.

Manche begegnen ihren Mitmenschen sogar offen durch angriffslustige Wut. Ja, in ihrem Wahn missdeuten sie dabei diese innere Erregung meist noch als besonderes Zeichen der eigenen Religiosität, sozusagen als heiligen Zorn. In Wahrheit ist ihr angeblich religiöses Denken jedoch nur frömmlerisch, scheinheilig und verlogen. Nicht selten messen solche Menschen mit zweierlei Maß. Nicht nur, dass ihr Denken häufig von Doppelmoral geprägt ist. Nein, oft führen diese Menschen auch ein Doppelleben.

Die sichersten Anzeichen dafür, dass mit meiner Religiosität etwas nicht stimmt, zeigen sich im Übrigen bei der Frage, wie ich es mit meinem Gebetsleben halte. Wenn mir das Beten schwerfällt, wenn ich das Beten vor allem als lästige Pflicht empfinde, wenn ich mich gar um das Beten herumdrücke oder es häufig vergesse, wenn mich die Gebete nicht mit tiefer, innerer

Freude erfüllen, lebe ich eine von Grund auf falsche Beziehung zu Gott. Es wäre dann dringend nötig, in mich zu gehen und ganz grundlegend neu über meinen Glauben und meine religiöse Praxis nachzudenken.

Aufrichtige Religiosität

Als Christ darf ich mich nicht selbstherrlich über andere Menschen erheben. Die Gebote der Nächsten- und Feindesliebe dulden keine Ausnahme (Mt 5,43-48). Keinesfalls darf ich auf andersdenkende Menschen verächtlich herabblicken. Vielmehr ist es wichtig und richtig, dass ich in meinem religiösen Denken geerdet bleibe. Mein Glaubensleben muss deshalb in praktisch gelebter Spiritualität wurzeln. Ich erweise mich nicht als gläubiger Mensch, indem ich peinlich genau heilige Rituale vollziehe, religiöse Gesetzesregeln befolge und mehrmals am Tag meine Gebetspflicht erfülle, mein Herz aber Gott und den Menschen verschließe. Vielmehr muss ich meinen Glauben im Alltag leben. Vor allem

muss meine Spiritualität der Religiosität vorange-
stellt sein. Besser gesagt, praktische Spiritualität
und innige Religiosität müssen Hand in Hand
miteinander gehen, damit sich mein Herz weit
öffnet.

Die Grundlage meines religiösen Lebens ist
meine tiefe Freundschaft mit Gott. Und diese
Freundschaft pflege ich durch das Gebet. Nur
durch Gebete kann ich mit Gott in Beziehung
treten. Als wahrhaft religiöser Mensch ist Beten
für mich daher ein natürliches inneres Bedürfnis.
Keinesfalls empfinde ich mein Beten als Pflicht-
übung, die ich Gott schuldig wäre. Vielmehr
möchte ich gar nicht darauf verzichten. Da ich
mich durch meine Praxis der Achtsamkeit ganz
in Gott geborgen fühlen darf, empfinde ich
große Dankbarkeit in meinem Herzen, die ich in
regelmäßigen Gebeten zum Ausdruck bringen
möchte. Ja, es drängt mich nachgerade meine
Gebete zu sprechen. Ich habe eine unbändige
kindliche Freude daran, weiß ich mich in meinem Beten doch ganz mit dem göttlichen Geist
verbunden.

Auch ist es mir ein inneres Bedürfnis mit anderen Menschen meinen Glauben regelmäßig in gemeinsamen Gottesdiensten zu feiern. Christ kann ich nämlich nicht für mich allein sein. Vielmehr wird für mich in der gottesdienstlichen Versammlung mit anderen Christen die Tiefe geistige Verbundenheit mit dem dreifaltigen Gott erfahrbar. Dieses Gemeinschaftsgefühl gehört zu den Urerfahrungen der Kirche (Apg 1,13f.). Und insbesondere in der eucharistischen Mahlgemeinschaft (Lk 22,17-20) darf ich auf einzigartige Weise der liebenden Gegenwart Jesu Christi gewiss sein (Mt 18,20).

Damit ich meinen Glauben aus einem tiefen Gefühl der inneren Verbundenheit mit Gott-vater, Gott Sohn und Gott Heiligem Geist leben kann, brauche ich aber vor allem meine alltägliche spirituelle Praxis. Indem ich stets auf meinen Atem achte, bleibe ich geerdet. Durch meditatives Atmen übe ich mich in meinem Alltag in Achtsamkeit. Ich erfülle alle meine Aufgaben mit großer Hingabe. Meine vielfältigen Pflichten in Arbeit, Haushalt, in der Partnerschaft und der

Familie bewahren mich davor, trotz aller Spiritualität und Religiosität, die Bodenhaftung nicht zu verlieren.

Es passt daher ins Bild, dass viele Jünger Jesu Menschen waren, die mit beiden Beinen fest im Leben standen. Die Apostel waren einfache Männer vom Land. Einige von ihnen waren Fischer (Mt 4,18). Paulus von Tarsus, der mit seiner Missionstätigkeit das Urchristentum entscheidend geprägt hat, war gelernter Zeltmacher und verdiente sich sein Auskommen mit seiner eigenen Hände Arbeit (Apg 18,3).

Dementsprechend ist es unabdingbar, dass ich mich als Christ in meinem Beruf ebenso wie in meinem Privatleben tagaus, tagein achtsam um die gewöhnlichen Dinge des Lebens kümmere. In all meinem Tun gehe ich den christlichen Weg der gelebten Selbst-, Nächsten- und Gottesliebe, indem ich rücksichtsvoll mit mir und meinen Mitmenschen bin, indem ich bete, versöhnlich spreche und heilsam handle. So kann ich meinen Glauben in meinem Alltag schlicht, aufrichtig und wahrhaftig leben.

Zweiter Abschnitt

MEINE SPIRITUELLE & RELIGIÖSE PRAXIS

3. Meine spirituelle Praxis

Achtsames Atmen

Die Grundlage all meiner Spiritualität und Religiosität ist das achtsame Atmen. Ohne achtsames Atmen könnte ich nicht spirituell leben. Würde ich aber nicht spirituell leben, wäre es mir nicht möglich eine heilsame Religiosität zu entwickeln. Durch mein meditatives Atmen lerne ich, auf mein Herz zu hören. Und indem ich auf mein Herz höre, erhalte ich mir meine innere Ruhe. Das gelassene Gefühl der Zufriedenheit wiederum befreit meinen Geist von der Macht der eigensinnigen Gedanken, welche mich ansonsten sowohl von meinen Mitmenschen als auch von der geistigen Gemeinschaft mit Gott trennen würden.

So grundlegend wie das achtsame Atmen ist, so einfach ist es auch. Bin ich es nicht gewohnt, auf meinen Atem zu achten, dann atme ich im Alltag normalerweise unbewusst. Im Gegensatz dazu, lenke ich beim meditativen Atmen meine bewusste Aufmerksamkeit auf meine Atmung.

Ich werde mir meines Atems gewahr. Ich atme bewusst ein. Dann atme ich bewusst aus. Ich atme wieder ein und aus. Ich atme nicht zu flach und nicht zu tief. Ich atme regelmäßig, ruhig und gleichmäßig.

Während mein Atem kommt und geht, spüre ich in den Vorgang des Ein- und Ausatmens hinein. Ich werde mir der Gefühle in meiner Brust gewahr. Ich erspüre, wie die Luft durch Mund und Nase in meine Lungen strömt. Ich fühle, wie die Luft meine Lungenflügel bläht und sich mein Brustkorb hebt. Dann achte ich auf das Gefühl, wie die Luft wieder durch Mund und Nase aus meiner Lunge herausströmt und sich mein Brustkorb senkt. Gleichzeitig nehme ich aufmerksam das stete Pochen meines Herzens wahr.

Indem ich auf meinen Atem achte, beruhigt sich das unruhige Denken meines Geistes. Mein Atem ist wie die Mutter, die ihr aufgeregtes Kind beruhigt. Mein Denken ist wie das aufgeregte Kind, das von der Mutter beruhigt wird. So übe ich mich in Gelassenheit.

Je gelassener ich werde, umso weiter wird mein Blick. Ich nehme umfassend wahr, was um mich herum geschieht. Mein Geist, der stets klar, unwandelbar und gut ist, wird aus den Fesseln meiner Gedankenwelt befreit und verbindet sich mit dem gegenwärtigen Augenblick. Ich verschaffe mir innere Ruhe und bewahre mir diese in allen Herausforderungen des Lebens. Das ist das ganze Geheimnis des meditativen Atmens. Nicht mehr und nicht weniger.

Selbstverständlich hat das achtsame Atmen für mich als gläubigen Christen auch eine religiöse Bedeutung. Laut der Heiligen Schrift habe ich meinen Atem von Gott erhalten. Mein Atem ist in erster Linie immer der Odem Gottes, der mich lebendig macht. Der Atem ist es, der meinen Geist mit Gott verbindet. „Da formte Gott, der HERR, den Menschen, Staub vom Erdboden, und blies in seine Nase den Lebensatem. So wurde der Mensch zu einem lebendigen Wesen." (Gen 2,7). Indem ich also stets auf meinen Atem achte, bewahre ich mir meine innere Verbundenheit mit dem Heiligen Geist.

Mein achtsames Atmen wird mir zum wortlosen Gebet. Ich persönlich übe das meditative Atmen deshalb in der Arbeit und in der Freizeit. Im Alltag achte ich genauso auf meinen Atem wie in der heiligen Auszeit des meditativen Gebets. Statt unbewusst atme ich von morgens bis abends bewusst. Auf diese Weise wird mir mein ganzes Leben zu einer ununterbrochenen Abfolge meditativer Achtsamkeitsübungen. Es ist mein Atem, durch den ich mich stets in der Liebe Gottes geborgen fühlen darf.

Achtsames Schweigen

Nichts fällt dem Menschen schwerer als das Schweigen. Dabei wäre vor allem achtsames Schweigen so heilsam. Dies gilt für den Alltag ebenso wie für die Gebetszeiten. Nicht umsonst fordert mich Jesus auf, beim Beten nicht zu plappern und keine vielen Worte zu machen (Mt 6,7). Das Plappern entspringt meinem ichbezogenen Denken. Und dieses ständige Geschwätz meiner Gedanken ist in der Tat das größte

Hindernis auf meinem spirituellen und religiösen Weg.

Achtsames Schweigen ist sehr heilsam, nicht nur für mich selbst, sondern auch für meine Mitmenschen. Indem ich zu schweigen lerne, kann ich viel von der äußeren und inneren Unruhe auflösen, die das Zusammenleben unter uns Menschen so sehr belastet. Ich bemühe mich deshalb nur zu sprechen, wenn meine Worte eine heilsame Wirkung entfalten.

Oft drängt mich mein ichbezogenes Denken dazu unheilvolle, weil unbedachte Worte auszusprechen, die für Unfrieden sorgen. Dadurch, dass ich auf meinen Atem achte, kann ich meinen Rededrang jedoch im Zaum halten. Drängt es mich, unbedacht sprechen zu wollen, dann vertiefe ich mich ganz in meine Atmung. Nach und nach verstummen so meine selbstsüchtigen Gedanken. Ich schweige nicht nur äußerlich, sondern auch innerlich. Mein Geist wird von allem unheilvollen Eigensinn befreit.

Als Anfänger ist für mich das meditative Schweigen unter Umständen nicht leicht, eben

weil mein selbstbezogenes Denken oftmals noch
sehr stark ist. Mit ein wenig Erfahrung werde ich
aber bald lernen, meine innere Unruhe durch
bewusstes Schweigen und achtsames Atmen
heilsam in ruhige Gelassenheit zu verwandeln. Je
gelassener ich mich fühle, umso mehr verlieren
die eigensinnigen Gedanken ihre Macht über
meinen Geist. Auf diese Weise überwinde ich
meine Selbstbezogenheit und werde offen dafür,
achtsam zu leben und heilsam zu handeln.

Achtsames Handeln

Meditatives Atmen und bewusstes Schweigen
sind die Grundlagen meines spirituellen Lebens.
Aber spirituell zu leben, bedeutet darüber hinaus
auch achtsam zu handeln. Achtsames Handeln
ist sehr heilsam. Ich handle immer dann heilsam,
wenn ich mich nicht von meinem eigensinnigen
Willen beherrschen lasse. Wurzelt mein Handeln
in meiner Ichbezogenheit, dann werde ich meine
Mitmenschen durch mein selbstsüchtiges Tun
verletzen. Im Gegensatz dazu strebe ich als um

Achtsamkeit bemühter Mensch danach, durch mein Handeln Heilung zu bewirken.

Es geht also darum, mich von meiner Selbstbezogenheit zu befreien, indem ich bewusst atme und absichtlich schweige. So werde ich offen für die Welt um mich herum. Ich erkenne meine wahren Bedürfnisse. In gleicher Weise sehe ich die Nöte meiner Mitmenschen. Weil ich darum bemüht bin, mich achtsam umzuschauen und meinen Nächsten aufmerksam zuzuhören, erkenne ich immer mehr, wo mein heilsames Handeln vonnöten ist.

Durch gute Werke stärke ich die Gemeinschaft. Ich handle zu meinem Wohl ebenso wie zum Wohle meiner Nächsten. Weil ich versuche, bei meinen Mitmenschen Heilung zu bewirken, erfahre ich im Gegenzug dazu deren ehrliche Dankbarkeit. So schenken mir meine guten Taten innere Zufriedenheit. Dieses Gefühl wiederum macht mich froh und glücklich. Darüber hinaus hat mein achtsames Handeln für mich persönlich selbstverständlich noch eine religiöse Bedeutung.

Indem ich mit mir und meinen Bedürfnissen achtsam bin, übe ich mich in wahrer Selbstliebe. Ich überwinde meine Selbstverliebtheit, die mich ansonsten blind für meine Mitmenschen machen würde. Gleichzeitig wächst in mir der innere Drang, meinen Nächsten in ihrem Leid helfend beizustehen. Weil ich mich selbst zufrieden fühle, möchte ich mich mit meiner Umwelt versöhnen. Ich werde unwillkürlich anfangen, mit meinen Mitmenschen, allen Lebewesen und der gesamten Natur in Einklang zu leben. Ja, ich sehne mich danach, meinen inneren Frieden heilsam auf die Welt und alle Geschöpfe ausstrahlen zu lassen. Ich habe das drängende Bedürfnis, gute Werke zu tun. Ich fange an, stets von ganzem Herzen heilsam an meinen Nächsten, an allen Mitgeschöpfen und der Natur zu handeln. Als gläubiger Christ erkenne ich in der Praxis der Achtsamkeit deshalb nichts weniger als den urchristlichen Weg der aus tiefstem Herzen gelebten Selbst- und Nächstenliebe, den uns Jesus von Nazareth in Wort und Tat gelehrt und vorgelebt hat.

4. Meine religiöse Praxis

Meditatives Beten

Das meditative Gebet ist die Grundlage meines spirituellen und religiösen Lebens. Ohne meditierend zu beten, könnte ich nicht heilsam leben. Als Anfänger ist es gut diese Gebetsform täglich zu praktizieren. Das ist vor allem dann wichtig, wenn ich noch nicht gelernt habe, innere Ruhe zu entwickeln. Solange ich nämlich das angenehm leichte Gefühl heiterer Gelassenheit nicht kenne, bleibe ich in meiner Selbstbezogenheit gefangen. Erst wenn mein Geist eine lebendige Beziehung zu meinem Herzen pflegt, indem ich stets auf meine Empfindungen achte, fühle ich mich zufrieden und lerne, dauerhaft in meiner inneren Mitte zu leben.

Ich persönlich praktiziere das meditative Gebet heute ganz nach Bedarf. Ich übe es vor allem dann, wenn ich in der Hektik des Alltags meine Gelassenheit verloren habe oder wenn mir diese durch unvorhergesehene Ereignisse geraubt worden ist. Um wieder in meine Mitte zu kommen, muss ich meditativ beten. Ich stelle nun alles andere hintan. Nichts ist in aufwühlenden Augenblicken so wichtig, als wieder zur Ruhe zu kommen. Nur so kann ich heilsam leben. Allein durch meditatives Beten bewahre ich mir das Gefühl, innerlich mit Gott verbunden zu sein.

Meditierendes Beten braucht eigentlich keine Worte. Deshalb ist diese Gebetsform äußerst schlicht und einfach. Wenn überhaupt, so spreche ich dabei nur wenige Worte, denn die Wirkkraft des meditativen Gebets liegt ja nicht in den Worten, sondern in der Stille des achtsamen Schweigens.

Ich eröffne das Gebet mit dem Kreuzzeichen. Damit stelle ich mein Meditieren unter den Schutz des dreifaltigen Gottes. Sodann übe ich mich ausgiebig in äußerem und innerem Schweigen, indem ich achtsames Atmen praktiziere. Ich atme bewusst ein. Ich atme bewusst aus. Ich atme regelmäßig, ruhig und gleichmäßig. Während mein Atem kommt und geht, spüre ich in meinen Körper hinein. Ich öffne Gott mein

Herz. Das ist sehr wichtig, damit mein Beten eine heilsame Wirkung entfalten kann. Nach nichts anderem sehnt sich Gott nämlich so sehr, als dass ich ihm mein Herz öffne.

Wenn unangenehme Gedanken meinen Geist belasten, kann ich diese drückende Last körperlich wahrnehmen. Ich spüre ein Unwohlsein im Bauch. Oder eine Beklemmung in meiner Brust hindert mich am Atmen. Die innere Unruhe kann mich wie ein schwerer Umhang bedecken. Manchmal bringt sie mein Herz zum Pochen. Sie mag sich aber auch als Zittern in den Händen oder als Kribbeln in den Beinen bemerkbar machen. Egal auf welche Weise die Ruhelosigkeit meinen Körper erfüllt, ich lenke beim achtsamen Atmen meine Aufmerksamkeit auf diese unangenehme Empfindung. Ich atme bewusst und spüre dabei achtsam hinein in meinen Körper. So öffne ich Gott mein Herz auf praktische Art und Weise.

Sollte das Gefühl der Rastlosigkeit zu stark werden und mich sogar zu überwältigen drohen, breche ich die Meditation ab und versuche es später von Neuem. Andernfalls atme ich einfach so lange weiter, bis der Gefühlsausdruck meiner inneren Unruhe irgendwann abebbt. Nach einer Weile des meditativen Atmens und achtsamen Hineinspürens löst sich das Drücken im Bauch, die Beklemmung in meiner Brust, das Zittern in meinen Händen oder das Kribbeln in meinen Beinen.

Sobald das körperliche Unwohlsein nachlässt, muss ich meist sehr viel Gähnen. Dieses Gähnen ist ein gutes Zeichen. Es zeigt mir, dass sich meine Anspannung löst. Eine Weile atme ich noch weiter, bis auch der letzte Rest des Unruhe-gefühls verschwindet. Stattdessen stellt sich nun wieder das angenehme Gefühl tiefer innerer Ruhe in meinem Körper ein. Auch die sorgen-vollen Gedanken haben jetzt ihre drückende Macht verloren. Mein Geist ist wieder frei. Ich kann erneut klar denken. Ich darf nun noch eine Weile die geistige Verbundenheit mit Gott genießen. Schließlich spreche ich ein Wort des Dankes an ihn und beende das meditative Gebet mit dem Kreuzzeichen.

Alltagsgebete

Durch mein meditatives Beten bewahre ich mir meine innere Verbindung mit Gott in allen Stürmen des Lebens. Bei dieser Gebetsform kommt es, wie schon gesagt, nicht auf gesprochene Worte an. Daneben praktiziere ich aber ebenso gewöhnliche Alltagsgebete. Auch diese kurzen gesprochenen Gebete haben ihren Sinn. Sie erinnern mich bei all meinem Tun an meine innere Gemeinschaft mit Gott. Indem ich regelmäßig ein paar schlichte Gebetsworte spreche, mache ich mir immer wieder für kurze Augenblicke bewusst, dass ich unter dem Schutz des guten Gottes stehe. Mein ganzes Leben ist in ihm geborgen.

Ich spreche deshalb Gebete beim Aufstehen und beim Zubettgehen. Ich bete am Beginn und am Ende jeder Mahlzeit. Wenn ich die Wohnung verlasse, bitte ich Gott um seinen Beistand auf dem vor mir liegendem Weg und sobald ich wieder zu Hause ankomme, danke ich Gott für meine sichere Rückkehr. Dies gilt besonders am Anfang und am Ende einer Reise. Ich kann auch vor Beginn und nach Beendigung meiner Arbeit ein Gebetswort sprechen. Im Grunde gibt es im Alltag keine Gelegenheit, die sich nicht dafür eignet, mich an Gott zu wenden, ihn um seinen reichen Segen zu bitten und ihm für mein Leben zu danken. Bei all meinem Tun kann ich stets der Liebe Gottes gedenken, mit der er mich tagtäglich gütig beschenkt.

Eine meditative Wirkung haben diese kurzen Alltagsgebete selbstverständlich nicht. Das ist aber auch gar nicht notwendig. Im Alltag achte ich ohnehin stets auf meinen Atem und spüre meditativ in meinen Körper hinein. Ich höre auf mein Herz und bewahre mir immer und überall meine Gelassenheit. In dieser tiefen Herzensruhe erhalte ich mir meine geistige Gemeinschaft mit Gott. Und aus dieser inneren Herzensruhe heraus spreche ich dann voll Dankbarkeit meine Alltagsgebete.

Übrigens, wenn ich doch einmal ein Alltagsgebet vergesse, dann hole ich dieses ganz einfach nach, sobald ich mich erinnere. Der liebe Gott wird mir meinen Fehler schon nachsehen.

Gottesdienste

Heilsam meditativ beten kann ich vor allem allein in der Stille meiner Kammer. Nur wenn ich für mein Beten die Ruhe der Abgeschiedenheit suche, kann ich mich tief in die geistige Gemeinschaft mit dem guten Gott versenken (Mt 6,6). Dieses private meditative Gebet ist deshalb stets die Grundlage meines religiösen Lebens. Daneben brauche ich aber auch die Gemeinschaft mit anderen Gläubigen. Der gemeinsame Gottesdienst ist wichtig, damit ich mich in meinem Glauben mit anderen Christen verbunden fühlen kann. Es ist gut und richtig, in den Gottesdiensten ein Gefühl der Zusammengehörigkeit erfahren zu können.

Was den Gemeindegottesdiensten jedoch oft fehlt sind Zeiten der bewussten Stille. Dies ist sicherlich der Form der Gottesdienste geschuldet, die oft sehr wortreich gestaltet sind. Ständig wird gesprochen. Fortwährend soll zugehört werden. Für das stille Verweilen vor Gott ist da wenig Platz. Schlimm ist es, wenn in manchen Gottesdiensten fast nur noch gesprochen wird.

Zwar steht das Wort Gottes zu Recht im Mittelpunkt der Verkündigung. Das ist aber noch lange kein Grund, unablässig auf die Gläubigen einzureden. Die Worte der Schrift dürfen nicht zum Geplapper verkommen. Es geht nicht darum, über die Köpfe der Zuhörer hinweg endlos lange theologische Vorträge zu halten. So wird nur das Denken angestrengt, das Herz aber kommt zu kurz. Richtiger wäre es, in der gottesdienstlichen Versammlung die Frohe Botschaft mit wenigen Worten lebensnah auszudeuten und zu den Herzen der Menschen zu sprechen.

Als römisch-katholischer Christ tut es mir da gut, dass unsere Gottesdienste wenigstens den Ritualen noch sehr viel Raum geben und außerdem Lieder den Ablauf gliedern. Rituale und Lieder sprechen das Herz an und entlasten den Verstand. Man kann sich Gott ohnehin nur nähern, wenn der Geist mit dem Herzen verbunden ist. Einem Menschen, der keine Verbindung zu seinem Herzen hat, bleibt auch der Weg zu Gott versperrt. Es kommt auf das Wort ebenso wie auf das Herz an.

Die Botschaft der Heiligen Schrift kann ihre heilsame Wirkung nämlich nur dann entfalten, wenn das Gefühl mitkommt. Der Geist muss für das Wort Gottes empfänglich werden und das ist nur möglich, wenn ich Gott mein Herz öffne. Es geht nicht so sehr darum, mit meinem Verstand über die heiligen Worte nachzudenken. Stattdessen soll ich mich von den Gedanken im Herzen berühren lassen, damit sich durch die innere Betroffenheit mein Denken, Reden und Tun heilsam zum Besseren wandeln.

Oftmals wird in Gottesdiensten sogar absichtlich auf Zeiten der Stille verzichtet, eben weil viele Gläubige bewusstes Schweigen nicht gewohnt sind. Stille muss ich ertragen können und das geht nur, wenn ich mit dem meditativen Atmen vertraut bin. Dies trifft aber nur auf wenige Gläubige und bei weitem nicht auf alle Geistlichen zu, sodass es daher durchaus Sinn macht, in Gottesdiensten wenig Leerlauf zuzulassen.

Besser wäre es dennoch, die Menschen mit dem achtsamen Atmen vertraut zu machen und in die religiösen Feiern immer wieder Zeiten der Stille einzubauen, in denen die Gläubigen eine Weile meditativ in die Frohe Botschaft hinein-spüren können.

Damit ich persönlich auch bei Gottesdiensten meditativ beten kann, versuche ich, immer schon eine halbe Stunde vor Beginn der Feier in der Kirche einzutreffen, wenn der Raum noch leer ist. Ich habe dann die Möglichkeit, nicht nur mit meinem Körper, sondern auch mit meinem Geist anzukommen. Ich habe Zeit zum achtsa-men Atmen. Ich kann still werden, meditativ beten und andächtig vor Gott verweilen.

Auch während des Gottesdienstes atme ich achtsam. Indem ich auf meinen Atem achte, ruht mein Geist im Hier und Jetzt. Dies hilft mir, mich auf die Feier in der Gemeinschaft besser einlassen zu können. Ich werde aufmerksamer für das Wort Gottes. Ich werde empfänglich für die heiligen Handlungen. Auf diese Weise öffne ich mein Herz und meinen Geist, um mich von den mystischen Geheimnissen der Liturgie in meinem Innersten berühren zu lassen. So stärkt mich der Gottesdienst und schenkt mir Kraft für meinen Alltag.

In gleicher Weise bleibe ich nach dem Ende der liturgischen Feier noch eine Weile an meinem Platz sitzen. Ich atme meditativ, um die Worte und Riten in meinem Herzen nachklingen zu lassen. Bevor ich aufbreche, genieße ich, wie sich der Kirchenraum leert und in mir selbst wieder Ruhe einkehrt. Erst wenn ich wieder ganz bei mir bin, verlasse ich die Kirche.

Eine sinnvolle Ergänzung zu den öffentlichen Gottesdiensten in der Kirche ist sicher auch die Form des Hauskreises. In diesem kleineren Rahmen lässt sich die gottesdienstliche Gemeinschaft eher mit der Gebetsstille vereinbaren. Ich kann mich regelmäßig mit einigen vertrauten Menschen zuhause versammeln, um miteinander meditativ zu beten und mich nach dem Gebet gemeinsam über die jeweiligen Erfahrungen auszutauschen.

Dieses betende Meditieren im kleinen Kreis kann in der gleichen Form praktiziert werden wie das persönliche meditative Gebet. Es bietet sich jedoch an, das meditierende Beten in der Gemeinschaft durch ein paar wenige Ergänzungen zu bereichern.

Damit möglichst viel Zeit für die innere Ruhe bleibt, ist es gut vor der Eröffnung schon eine gewisse Zeit der meditativen Stille einzuhalten. Alle Anwesenden sollen erst einmal Gelegenheit haben, den Alltag hinter sich zu lassen und im Hier und Jetzt anzukommen.

Beim Eintreffen begrüßt man sich kurz, übt sich dann aber in Schweigen. Jeder schenkt sich eine Tasse Tee ein und genießt den heißen Tee. Wenn alle angekommen sind und schweigend ihren Tee getrunken haben, stellt man die leeren Tassen zur Seite. Alle setzen sich in einem Kreis zusammen und beginnen mit dem meditativen Gebet.

Das Gebet wird mit dem Kreuzzeichen eröffnet. Danach sprechen alle das Glaubensbekenntnis. Dies bringt zum Ausdruck, dass nichts anderes als der gemeinsame christliche Glaube die Grundlage für das Meditieren in der Gemeinschaft sein soll.

Den Hauptteil des gemeinschaftlichen Betens bilden dann das achtsame Atmen und bewusste Schweigen. Sinnvollerweise sollten alle Teilnehmer bereits mit dieser Methode vertraut sein. Wo dies nicht gegeben ist, muss diese Praxis vorab einzeln eingeführt und erlernt werden.

Es ist nicht sinnvoll, das meditative Gebet in der Gemeinschaft durch Lieder, Textlesungen oder Fürbitten zu bereichern, insofern diese nur vom Wesentlichen ablenken würden. Auch soll der Hauskreis kein Ersatz für die öffentlichen Gottesdienste der Kirchengemeinde sein. Vielmehr ist er als Ergänzung gedacht, um das meditierende Beten zu pflegen und diese Praxis zu verbreiten.

Es genügt das gemeinsame Gebet mit einer Segensbitte und dem Kreuzzeichen abzuschließen. Das bewusste Atmen und achtsame Schweigen, das stille Verweilen vor Gott ist der eigentliche Kern der Gebetsmeditation.

SCHLUSSGEDANKEN

Um meine Spiritualität und Religiosität von ganzem Herzen leben zu können, genügt es nicht das achtsame Atmen nur gelegentlich zu praktizieren. Vielmehr muss ich es mir zur Gewohnheit machen, in meinem Alltag stets auf meine Atmung zu achten. Auf diese Weise übe ich mich tagtäglich in Achtsamkeit. All meine vielen Alltagstätigkeiten werden mir so mit der Zeit zu meditativen Übungen.

Dieses unablässige Meditieren vertieft das ruhige Gefühl heiterer Gelassenheit in mir. Ich lebe mein Leben ganz aus meiner inneren Mitte heraus. Mein Atem öffnet meinem Geist den Zugang zur Ruhekammer meines Herzens, wo außer mir nur Gott Zutritt hat.

Dort in meinem Herzen weiß ich mich als gläubiger Mensch durch meinen Atem fortwährend mit dem Heiligen Geist verbunden. Mein ganzes Leben wird mir zu einem nie endenden wortlosen Gebet. Mein ständiges meditierendes Beten erfüllt mich mit tiefem Frieden und freudiger Dankbarkeit. Ich fühle mich vollkommen in Gott geborgen.

ANHANG

Anlässlich der Taufe meines ältesten Neffen Korbinian habe ich als Geschenk für ihn am Abend des 28. April 2015 die folgenden zwei Gebete verfasst.

Morgengebet
Lieber Bruder Jesus,
ich danke Dir für diesen neuen Morgen;
egal, ob die Sonne vom Himmel lacht
oder Regen aus dunklen Wolken fällt.
Du gehst heute an meiner Seite.
Du bist immer bei mir.
Sehen kann ich Dich nicht,
aber mein Herz kann Dich spüren.
Dafür danke ich Dir.

✝ Im Namen des Vaters und des Sohnes und des Heiligen Geistes. Amen.

Abendgebet

Lieber Vater im Himmel,
ich danke Dir für den vergangenen Tag.
Vielleicht habe ich heute viel gelacht.
Vielleicht war ich heute sehr traurig.
Du sendest mir jetzt deinen Engel.
Dein Engel wacht an meiner Seite.
Sehen kann ich ihn nicht,
aber mein Herz kann ihn spüren.
Dafür danke ich Dir.

✝ Im Namen des Vaters und des Sohnes
und des Heiligen Geistes. Amen.

Ich selbst bete diese Gebete auch, jedoch in einer etwas abgewandelten Form.

Morgengebet
Jesus Christus,
mein Freund und Bruder,
ich danke Dir für die vergangene Nacht
und den neuen Morgen.
Du gehst heute an meiner Seite,
Du bist immer bei mir.
Sehen kann ich Dich nicht,
aber mein Herz kann Dich spüren.
Dafür danke ich Dir.

✝ Im Namen des Vaters und des Sohnes
und des Heiligen Geistes. Amen.

Gelobt seist Du, Jesus Christus,
in Ewigkeit. Amen.

Maria mit dem Kinde lieb,
uns allen Deinen Segen gib.

Abendgebet

Guter Gott,

mein Vater im Himmel,

ich danke Dir für den vergangenen Tag.

Es war ein (nicht ganz so) guter Tag.

Du sendest mir jetzt Deinen Engel.

Dein Engel wacht an meiner Seite.

Sehen kann ich ihn nicht,

aber mein Herz kann ihn spüren.

Dafür danke ich Dir.

+ Im Namen des Vaters und des Sohnes
und des Heiligen Geistes. Amen.

Gelobt sei Dein Sohn, Jesus Christus,
in Ewigkeit. Amen.

Maria mit dem Kinde lieb,
uns allen Deinen Segen gib.

LITERATUR

Für meine Betrachtung der biblischen Text-
stellen habe ich folgende Ausgabe der Heiligen
Schrift herangezogen:

Einheitsübersetzung der Heiligen Schrift, Freiburg im
Breisgau: Herder Verlag, 2016.

GEORG BAUER

Der Name Georg Bauer ist mein Pseudonym als Autor. Dennoch möchte ich Dich, liebe Leserin, lieber Leser, nicht gänzlich im Unklaren über meine Person lassen.

Geboren wurde ich 1973 in Regensburg. Aufgewachsen bin ich in der südlichen Oberpfalz. Nach meinem Studium an der Universität Regensburg arbeite ich heute als Lehrer in Mittelfranken.

In meinen Büchern schreibe ich teilweise sehr persönlich über meine Erfahrungen. Dabei ist es mir wichtig, ganz bewusst auch tiefe Einblicke in meine Gedankenwelt zu gewähren. Diese große Nähe verträgt sich jedoch schlecht mit meiner Stellung als Lehrer. Aus diesem Grund möchte ich als Autor bis auf Weiteres erst einmal anonym bleiben.

Wenn Du mehr über mich, mein Denken und weitere geplante Veröffentlichungen erfahren möchtest, empfehle ich Dir, meine Informationsseite im Internet zu besuchen.

www.georgbauer.info

Georg Bauer

DIE EINSIEDELEI DES HERZENS

Wir Menschen sind soziale Wesen. Es gehört zu unserer Natur, miteinander zusammenzuleben. In unseren Anfängen haben wir als Jäger und Sammler die Wälder und Steppen durchstreift. Damals hätte niemand für sich allein bestehen können. Nur der Zusammenhalt in der Horde sicherte das Überleben. Heute, in unserer modernen Welt, wohnen wir zwar nicht mehr in Großgruppen zusammen, aber dennoch bleiben wir eingebunden in Partnerschaften, Familien und Freundschaften. Wir üben spezialisierte Berufe aus, ohne die unsere vielschichtige Gesellschaft undenkbar wäre. Wir waren und sind also schon immer aufeinander angewiesen.

Auf den ersten Blick scheint der Einsiedler dazu in einem krassen Gegensatz zu stehen. Es widerspricht unserem Bedürfnis nach Gemeinschaft, wenn sich einer absondert. Warum macht das jemand? Welchem Zweck dient das? Was treibt denjenigen an? Ist dieser Mensch unfähig, mit anderen auszukommen? Handelt es sich um einen weltfremden Spinner oder um einen streitsüchtigen Eigenbrötler?

Tatsächlich sind unsere zwischenmenschlichen Beziehungen seit jeher von Streit geprägt. Es ist eine romantische Vorstellung zu glauben, dies sei zu irgendeinem Zeitpunkt einmal anders gewesen. Es gab keinen Urzustand, in dem wir friedlich miteinander ausgekommen wären.

Ganz im Gegenteil: Die Unzufriedenheit und die Streitsucht scheinen geradezu feste Bestandteile unserer Natur zu sein. Es liegt somit nahe, in einem Klausner so jemanden zu sehen, dem es schwerfällt, sich einzufügen. Oder ist es unter Umständen andersherum? Sucht er etwa ausgerechnet im Alleinsein den Frieden, der innerhalb der Gemeinschaft nicht zu finden ist?

Zeitfracht Medien GmbH
Ferdinand-Jühlke-Straße 7
99095 Erfurt, Deutschland
produktsicherheit@kolibri360.de